샬롬!
히브리어 따라쓰기

이나현 지음

S 시원스쿨닷컴

머리말

"언어는 사랑입니다."

이것이 15년 동안의 젊은 날을 히브리어로 이스라엘 사람들과 소통하며 살면서 제가 알게 된 것입니다. 이스라엘 사람들에게는 낯선 한국인의 히브리어가 그들에게 사랑의 언어로 다가갔고 마음을 여는 도구로 쓰였음을 알았습니다. 사랑하게 되니 그들의 언어를 배우게 되었고 그들의 생각을 듣게 되고 그들과 친구가 되는 소중한 경험을 했습니다.

히브리어에 관심이 있었거나 이번에 처음으로 히브리어 학습을 시작하는 여러분들 모두, 작지만 결코 작지만은 않은 나라 이스라엘과 보이지 않는 끈으로 연결되어 있다고 생각합니다.

기원후 70년부터 디아스포라 유대인들에게 주로 문자 언어로서 존재했던 히브리어가 의사소통을 위한 일상 언어인 현대 히브리어로 탄생하는 과정은 오늘날 히브리어에 관심을 가지는 분들에게 분명 큰 의미를 주고 있습니다. 잊혀졌던 언어가 1948년 이스라엘 건국과 함께 다시 한 나라의 공용어로 사용되고 있다는 기적 같은 사실을 기억한다면, 분명 히브리어는 여러분을 이스라엘로 더 가깝게 인도하는 언어가 될 것입니다.

이 책은 히브리어를 처음 접하는 분들도 무료 강의와 함께 스스로 인쇄체와 필기체를 따라 쓰며 읽고 말할 수 있도록 기획하였습니다. 알파벳과 단어, 문장, 성경 구절, 성경 속 인물명과 지명, 민족명, 유대 절기 명칭까지 인쇄체와 필기체로 여러 번 쓰고 말해 보세요.

새로운 언어를 습득하기 위해서는 듣기, 말하기, 읽기, 쓰기의 순서로 학습해야 합니다. 들어야 말하게 되고, 읽을 때 쓸 수 있기 때문입니다. 처음에는 마치 그림인지 글자인지조차 생소하게 느껴질 수 있는 히브리어지만, 강의와 함께 말하고 읽으며 쓰기를 연습한다면 어느새 스스로 히브리어 기초 공사를 탄탄히 완성할 수 있을 것입니다.

이스라엘에서 저의 언어 진보를 위해 도움을 주신 히브리대 어학원의 달리야 선생님께 감사를 드립니다. 이 책이 나오기까지 기회를 주시고 격려해 주신 시원스쿨 어학연구소에도 감사한 마음을 전합니다.

이 작은 책이 히브리어를 처음 시작하는 분들에게 이스라엘로 더 가깝게 인도하는 디딤돌이 되기를 바랍니다.

저자 **이나현**

샬롬!
히브리어 따라쓰기

초판 1쇄 발행 2021년 10월 22일
초판 4쇄 발행 2024년 3월 4일

지은이 이나현
펴낸곳 (주)에스제이더블유인터내셔널
펴낸이 양홍걸 이시원

홈페이지 www.siwonschool.com
주소 서울시 영등포구 영신로 166 시원스쿨
교재 구입 문의 02)2014-8151
고객센터 02)6409-0878

ISBN 979-11-6150-521-3
Number 1-571110-25252308-04

Contents

저자 이나현 선생님이 직접 원어민의 필체로 따라 쓰며 글자 모양과 획순, 쓰기 팁을 알려 드리는 따라쓰기 강의를 무료로 보실 수 있습니다. 차근차근 친절한 강의와 함께 따라 쓰며 공부한다면 히브리어 알파벳과 단어, 문장까지 더욱 효과적으로 기억할 수 있을 거예요. 표지의 QR코드를 스캔해 보세요.

01 히브리어 알파벳

히브리어의 알파벳은 기본형과 어말형이 있습니다. 기본형이 일반적으로 사용되며 어말형은 특정 알파벳이 단어의 맨 끝에 위치할 때 취하는 형태를 말합니다. 히브리어 알파벳 22개 중 5개의 자음만이 어말형을 갖고 있습니다. 우선은 기본형으로 알파벳의 명칭, 인쇄체와 필기체의 모양을 익힙시다.

명칭	인쇄체	필기체
알레프	א	א
베트	ב	ב
기멜	ג	ג
달레트	ד	ד
헤이	ה	ה
바브	ו	ו
자인	ז	ז
헤트	ח	ח
테트	ט	ט
요드	י	י
카프	כ	כ
라메드	ל	ל
멤	מ	מ
눈	נ	נ

싸메크	ס	ס
아인	ע	ע
페	פ	פ
짜디	צ	צ
쿠프	ק	ק
레쉬	ר	ר
쉰	שׁ	שׁ
씬	שׂ	שׂ
타브	ת	ת

어말형을 갖는 알파벳 '카프(כ), 멤(מ), 눈(נ), 페(פ), 짜디(צ)'에 유의하여, 기본형과 어말형을 구분하며 살펴보세요.

ו 바브	ה 헤이	ד 달레트	ג 기멜	ב 베트	א 알레프
ל 라메드	כ, ך 카프	י 요드	ט 테트	ח 헤트	ז 자인
צ, ץ 짜디	פ, ף 페	ע 아인	ס 싸메크	נ, ן 눈	מ, ם 멤
		ת 타브	ש 쉰, 씬	ר 레쉬	ק 쿠프

02 히브리어 인쇄체 알파벳과 단어 따라쓰기

22개 알파벳과 예시 단어를 인쇄체로 써 봅시다.

알파벳

א

알레프

단어

אָבִיב

[아비브]

봄

א א א

א א

א

אָבִיב אָבִיב אָבִיב

אָבִיב אָבִיב

אָבִיב

א

אָבִיב

알파벳

ב

베트

단어

בַּית

[바이트]

집

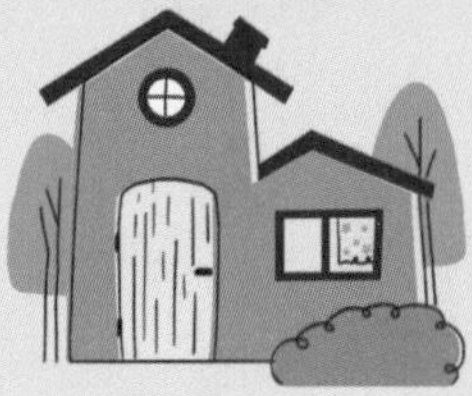

ב ב ב

ב ב

ב

בַּית בַּית בַּית

בַּית בַּית

בַּית

ב

בַּית

알파벳	단어
ג	גָמָל
기멜	[가말] 낙타

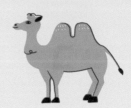

ג ג ג

ג ג

ג

גָמָל גָמָל גָמָל

גָמָל גָמָל

גָמָל

ג

גָמָל

알파벳	단어	
ד	דָג	
달레트	[다그] 물고기	

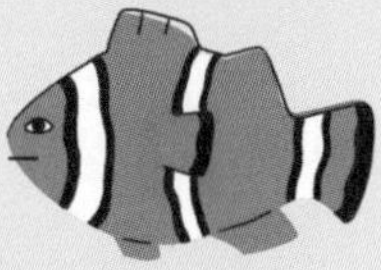

ד ד ד

ד ד

ד

דָג דָג דָג

דָג דָג

דָג

ד

דָג

알파벳

ה

헤이

단어

הָר

[하르]
산

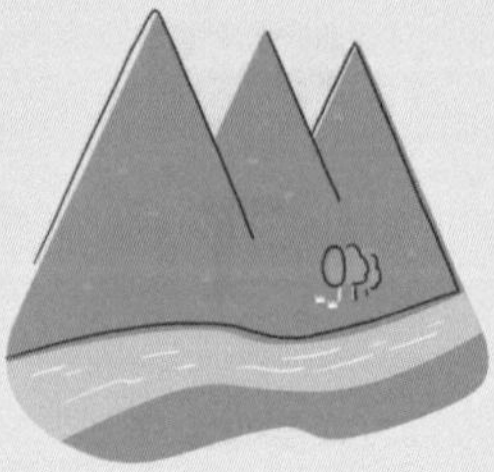

ה ה ה

ה ה

ה

הָר הָר הָר

הָר הָר

הָר

ה

הָר

알파벳

ו

바브

단어

וֶרֶד

[베레드]
장미

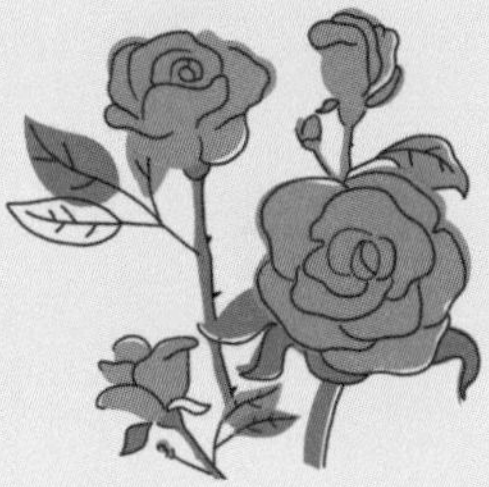

ו ו ו

ו ו

ו

וֶרֶד וֶרֶד וֶרֶד

וֶרֶד וֶרֶד

וֶרֶד

ו

וֶרֶד

알파벳	단어
ז	זָהָב
자인	[자하브] 금

ז ז ז

ז ז

ז

זָהָב זָהָב זָהָב

זָהָב זָהָב

זָהָב

ז

זָהָב

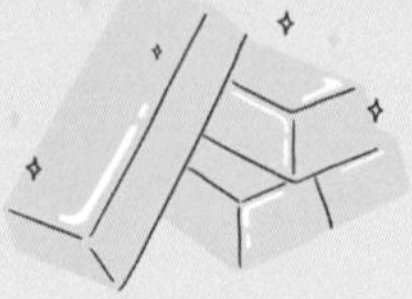

알파벳

ח

헤트

단어

חָבֵר

[하베르]
친구

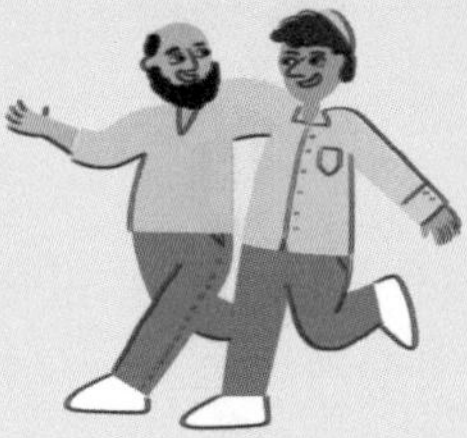

ח ח ח

ח ח

ח

חָבֵר חָבֵר חָבֵר

חָבֵר חָבֵר

חָבֵר

ח

חָבֵר

알파벳

ט

테트

단어

טֶבַע

[테바]
자연

ט ט ט

ט ט

ט

טֶבַע טֶבַע טֶבַע

טֶבַע טֶבַע

טֶבַע

ט

טֶבַע

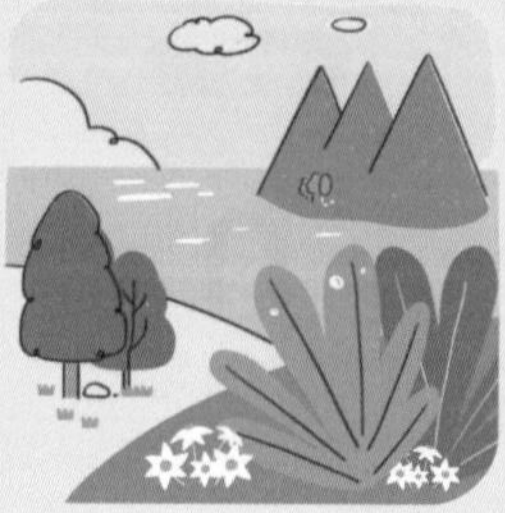

알파벳

י

요드

단어

יָד

[야드]

손

י י י

י י

י

יָד יָד יָד

יָד יָד

יָד

י

יָד

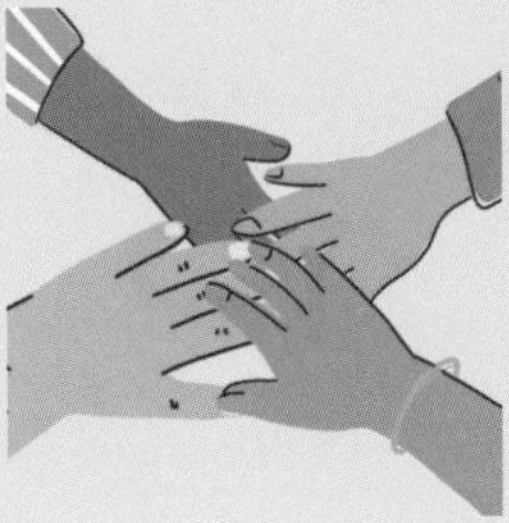

알파벳

כ, ך

카프

단어

כוס

[코쓰]

컵

כ כ כ ך ך ך

כ כ ך ך

כ ך

כוס כוס כוס

כוס כוס

כוס

כ ך

כוס

알파벳

ל

라메드

단어

לֶחֶם

[레헴]

빵

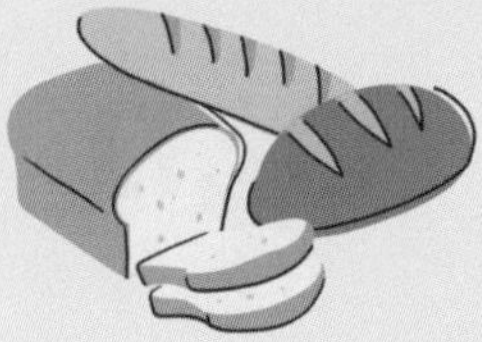

ל ל ל

ל ל

ל

לֶחֶם לֶחֶם לֶחֶם

לֶחֶם לֶחֶם

לֶחֶם

ל

לֶחֶם

알파벳

מ, ם

멤

단어

מַים

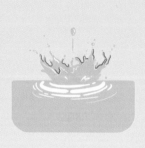

[마임]
물

מ מ מ ם ם ם

מ מ ם ם

מ ם

מַים מַים מַים

מַים מַים

מַים

מ ם

מַים

알파벳

נ, ן

눈

단어

נַהָג

[나하그]
운전기사

נ נ נ ן ן ן

נ נ ן ן

נ ן

נַהָג נַהָג נַהָג

נַהָג נַהָג

נַהָג

נ ן

נַהָג

알파벳

ס

싸메크

단어

סָבוֹן

[싸본]

비누

ס ס ס

ס ס

ס

סָבוֹן סָבוֹן סָבוֹן

סָבוֹן סָבוֹן

סָבוֹן

ס

סָבוֹן

알파벳

ע

아인

단어

עַין

[아인]

눈(眼), 샘

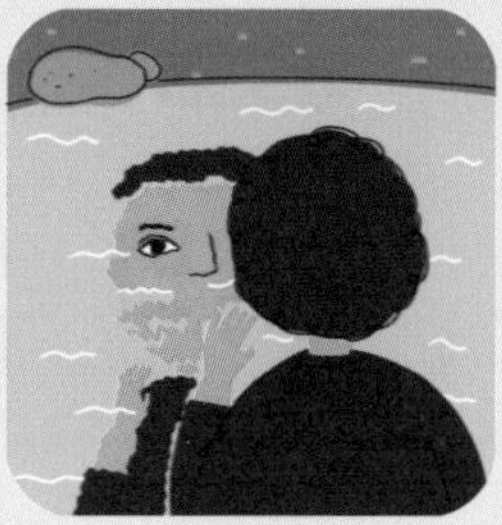

ע ע ע

ע ע

ע

עַין עַין עַין

עַין עַין

עַין

ע

עַין

알파벳

פ, ף

페

단어

פֶּה

[페]
입

פ פ פ ף ף ף

פ פ ף ף

פ ף

פֶּה פֶּה פֶּה

פֶּה פֶּה

פֶּה

פ ף

פֶּה

알파벳

ץ ,צ

짜디

단어

צְבִי

[쯔비]
가젤, 영양

צ צ צ ץ ץ ץ

צ צ ץ ץ

צ ץ

צְבִי צְבִי צְבִי

צְבִי צְבִי

צְבִי

צ ץ

צְבִי

알파벳	단어	
ק	**קוֹף**	
쿠프	[코프] 원숭이	

ק ק **ק**

ק **ק**

ק

קוֹף קוֹף **קוֹף**

קוֹף **קוֹף**

קוֹף

ק

קוֹף

알파벳	단어	
ר	רֹאשׁ	
레쉬	[로쉬] 머리	

ר ר ר

ר ר

רֹאשׁ

רֹאשׁ רֹאשׁ רֹאשׁ

רֹאשׁ רֹאשׁ

רֹאשׁ

ר

רֹאשׁ

* שׁ과 שׂ은 모음 기호에 따라 두 가지의 발음을 갖는 하나의 알파벳입니다.

알파벳

שׁ

쉰

단어

שָׁעוֹן

[샤온]
시계

שׁ שׁ שׁ

שׁ שׁ

שׁ

שָׁעוֹן שָׁעוֹן שָׁעוֹן

שָׁעוֹן שָׁעוֹן

שָׁעוֹן

שׁ

שָׁעוֹן

알파벳

שׂ

씬

단어

שָׂדֶה

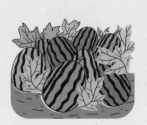

[싸데]

밭

שׂ שׂ שׂ

שׂ שׂ

שׂ

שָׂדֶה שָׂדֶה שָׂדֶה

שָׂדֶה שָׂדֶה

שָׂדֶה

שׂ

שָׂדֶה

알파벳

ת

타브

단어

תִיק

[티크]
가방

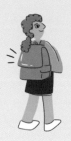

ת ת ת

ת ת

ת

תִיק תִיק תִיק

תִיק תִיק

תִיק

ת

תִיק

Self Check

히브리어 인쇄체 알파벳과 단어 학습을 점검해 볼까요?

지금까지 따라 쓴 히브리어 단어의 뜻을 참고하여 빈칸에 알맞은 알파벳을 써 보세요.

____בִיב	봄	____ית	집
____מָל	낙타	____ג	물고기
____ר	산	____רֶד	장미
____הָב	금	____בֵר	친구
____בַע	자연	____ד	손
____וֹס	컵	____חֶם	빵
____ים	물	____הָג	운전기사
____בוֹן	비누	____ין	눈(眼),샘
____ה	입	____בִי	가젤, 영양
____וֹף	원숭이	____אֹשׁ	머리
____עוֹן	시계	____דֶה	밭
____יק	가방		

03 히브리어 필기체 알파벳과 단어 따라쓰기

22개 알파벳과 예시 단어를 필기체로 써 봅시다.

알파벳	단어
א	אָבִיב
알레프	[아비브] 봄

א א **א**

א **א**

א

אָבִיב אָבִיב **אָבִיב**

אָבִיב **אָבִיב**

אָבִיב

א

אָבִיב

알파벳

ב

베트

단어

בַית

[바이트]

집

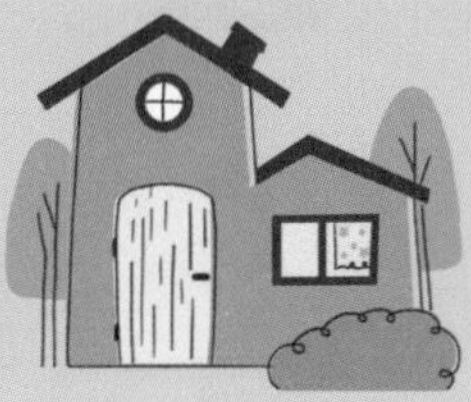

ב ב ב

ב ב

ב

בַית בַית בַית

בַית בַית

בַית

ב

בַית

알파벳	단어
ג	גָּמָל
기멜	[가말] 낙타

ג ג ג

ג ג

ג

גָּמָל גָּמָל גָּמָל

גָּמָל גָּמָל

גָּמָל

ג

גָּמָל

알파벳

ד

달레트

단어

דָג

[다그]
물고기

ד ד ד

ד ד

ד

דָג דָג דָג

דָג דָג

דָג

ד

דָג

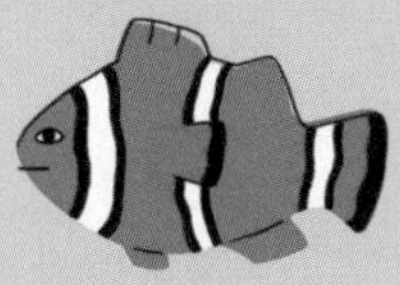

알파벳

ה

헤이

단어

הָר

[하르]

산

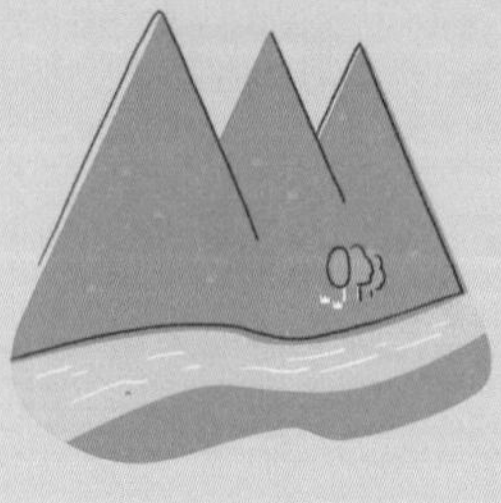

ה ה ה

ה ה

ה

הָר הָר הָר

הָר הָר

הָר

ה

הָר

알파벳

ו

바브

단어

וֶרֶד

[베레드]
장미

ו ו ו

ו ו

ו

וֶרֶד וֶרֶד וֶרֶד

וֶרֶד וֶרֶד

וֶרֶד

ו

וֶרֶד

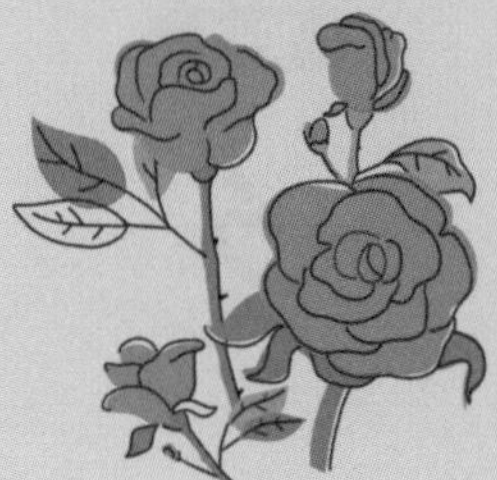

알파벳

ז

자인

단어

זָהָב

[자하브]
금

ז ז ז

ז ז

ז

זָהָב זָהָב זָהָב

זָהָב זָהָב

זָהָב

ז

זָהָב

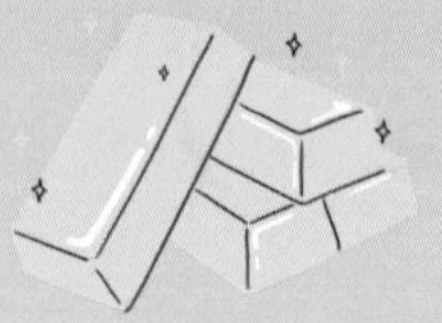

알파벳	단어
ח	חָבֵר
헤트	[하베르] 친구

ח ח ח

ח ח

ח

חָבֵר חָבֵר חָבֵר

חָבֵר חָבֵר

חָבֵר

ח

חָבֵר

알파벳

ט

테트

단어

טֶבַע

[테바]
자연

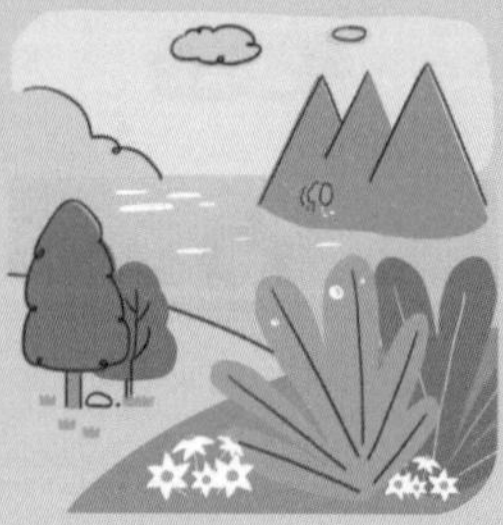

ט ט ט

ט ט

ט

טֶבַע טֶבַע טֶבַע

טֶבַע טֶבַע

טֶבַע

ט

טֶבַע

알파벳

י

요드

단어

יָד

[야드]

손

י י י

י י

י

יָד יָד יָד

יָד יָד

יָד

י

יָד

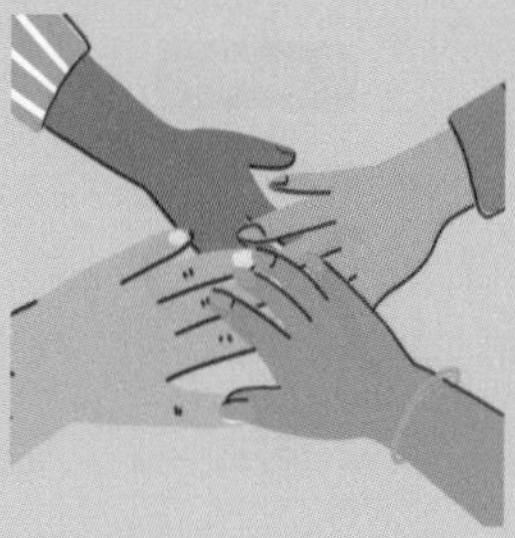

알파벳

כ, ך

카프

단어

כוֹס

[코쓰]
컵

כ כ כ ך ך ך

כ כ ך ך

כ ך

כוֹס כוֹס כוֹס

כוֹס כוֹס

כוֹס

כ ך

כוֹס

알파벳

ל

라메드

단어

לֶחֶם

[레헴]
빵

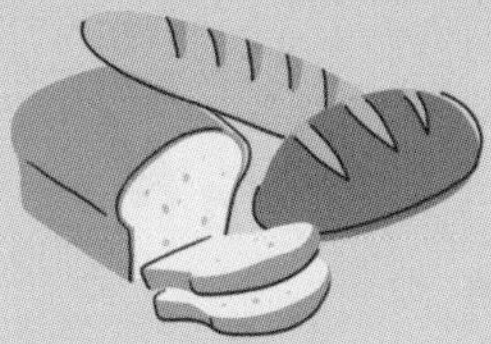

ל ל ל

ל ל

ל

לֶחֶם לֶחֶם לֶחֶם

לֶחֶם לֶחֶם

לֶחֶם

ל

לֶחֶם

알파벳

מ, ם

멤

단어

מַים

[마임]
물

מ מ מ ם ם ם

מ מ ם ם

מ ם

מַים מַים מַים

מַים מַים

מַים

מ ם

מַים

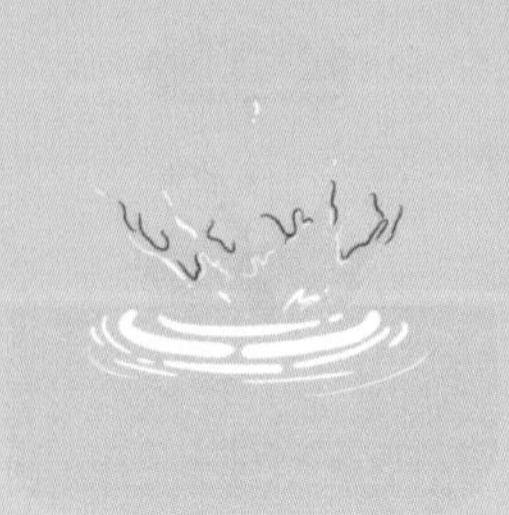

알파벳

נ, ן

눈

단어

נהג

[나하그]
운전기사

נ נ נ ן ן ן

נ נ ן ן

נ ן

נהג נהג נהג

נהג נהג

נהג

נ ן

נהג

알파벳

ס

싸메크

단어

סָבוֹן

[싸본]

비누

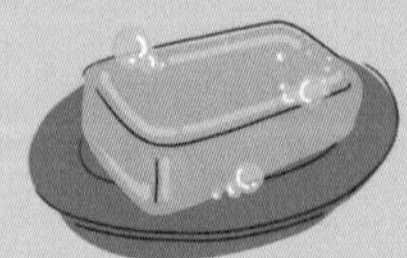

ס ס ס

ס ס

ס

סָבוֹן סָבוֹן סָבוֹן

סָבוֹן סָבוֹן

סָבוֹן

ס

סָבוֹן

알파벳

ע

아인

단어

עַיִן

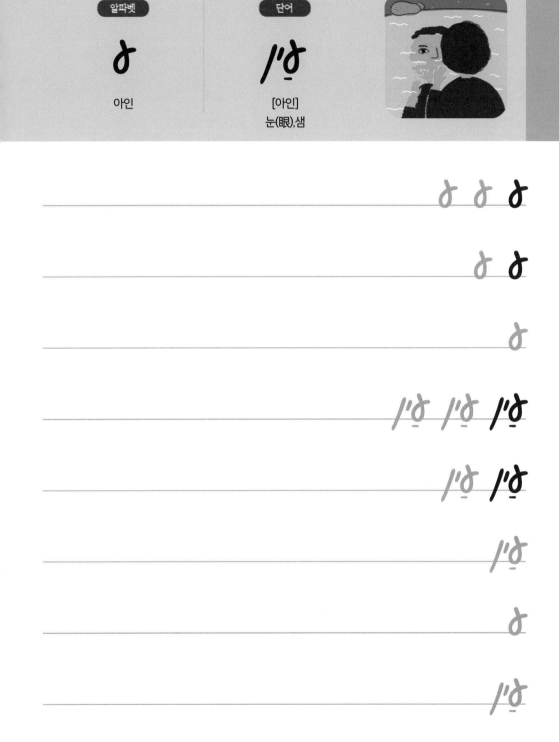

[아인]
눈(眼),샘

ע ע ע

ע ע

ע

עַיִן עַיִן עַיִן

עַיִן עַיִן

עַיִן

ע

עַיִן

알파벳

פ, ף

페

단어

פֶּה

[페]

입

פ פ פ ף ף ף

פ פ ף ף

פ ף

פֶּה פֶּה פֶּה

פֶּה פֶּה

פֶּה

פ ף

פֶּה

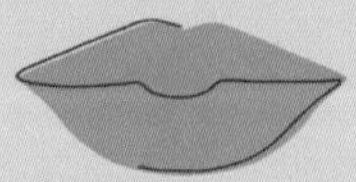

알파벳

ץ,צ

짜디

단어

צְבִי

[쯔비]
가젤, 영양

צ צ צ ץ ץ ץ

צ צ ץ ץ

צ ץ

צְבִי צְבִי צְבִי

צְבִי צְבִי

צְבִי

צ ץ

צְבִי

알파벳

ק

쿠프

단어

קוֹף

[코프]
원숭이

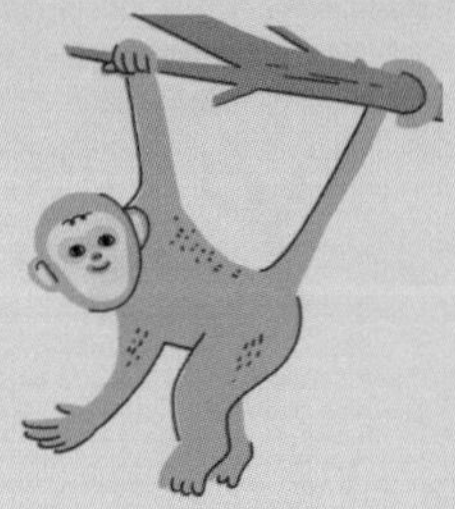

ק ק ק

ק ק

ק

קוֹף קוֹף קוֹף

קוֹף קוֹף

קוֹף

ק

קוֹף

알파벳

ר

레쉬

단어

ראש

[로쉬]
머리

ר ר ר

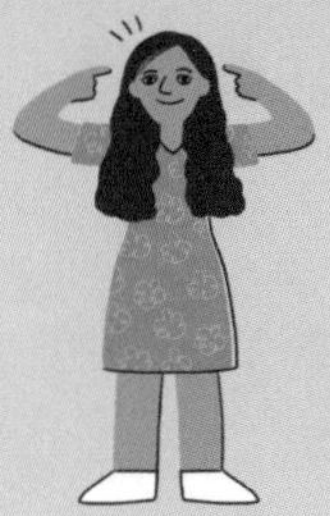

ר ר

ראש

ראש ראש ראש

ראש ראש

ראש

ר

ראש

* שׁ과 שׂ은 모음 기호에 따라 두 가지의 발음을 갖는 하나의 알파벳입니다.

알파벳	단어
שׁ	שָׁעוֹן
쉰	[샤온] 시계

שׁ שׁ שׁ

שׁ שׁ

שׁ

שָׁעוֹן שָׁעוֹן שָׁעוֹן

שָׁעוֹן שָׁעוֹן

שָׁעוֹן

שׁ

שָׁעוֹן

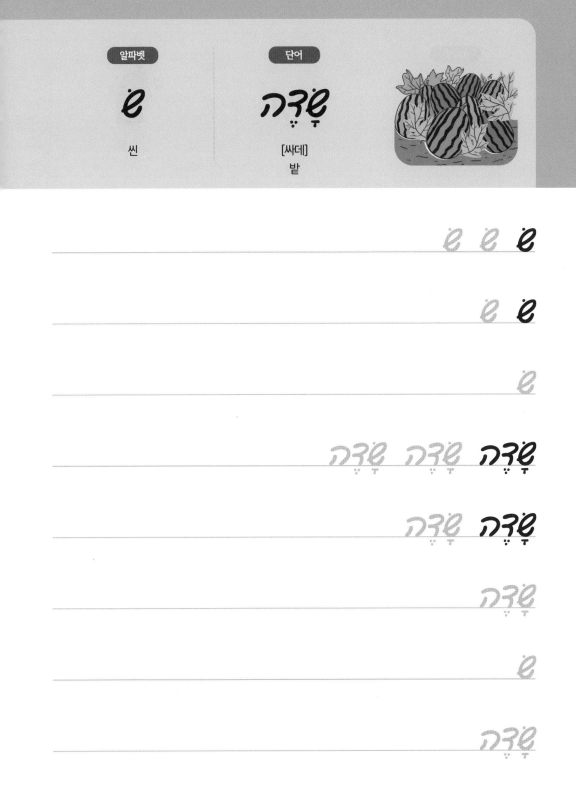

알파벳	단어
שׂ	שָׂדֶה
씬	[싸데] 밭

שׂ שׂ שׂ

שׂ שׂ

שׂ

שָׂדֶה שָׂדֶה שָׂדֶה

שָׂדֶה שָׂדֶה

שָׂדֶה

שׂ

שָׂדֶה

알파벳

ת

타브

단어

תִיק

[티크]
가방

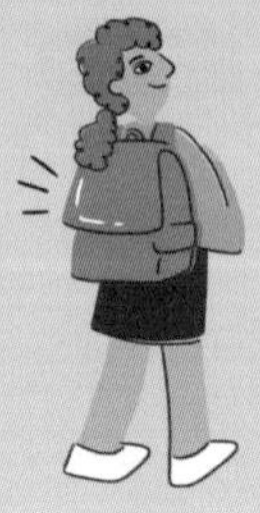

ת ת ת

ת ת

ת

תִיק תִיק תִיק

תִיק תִיק

תִיק

ת

תִיק

Self Check

히브리어 필기체 알파벳과 단어 학습을 점검해 볼까요?

지금까지 따라 쓴 히브리어 단어의 뜻을 참고하여 빈칸에 알맞은 알파벳을 써 보세요.

יק____	가방	דֶה____	밭
עון____	시계	אשׁ____	머리
וף____	원숭이	בִי____	가젤, 영양
ה____	입	ין____	눈(眼),샘
בון____	비누	הָג____	운전기사
ים____	물	חֶם____	빵
וס____	컵	ד____	손
בַע____	자연	בֵר____	친구
הָב____	금	רֶד____	장미
ר____	산	ג____	물고기
מָל____	낙타	ית____	집
בִיב____	봄		

04 히브리어 회화 문장 인쇄체와 필기체로 따라쓰기

알파벳	문장		
א	אָבִיב הִגִיעַ	[아비브 히기아]	봄이 왔습니다.

אָבִיב הִגִיעַ. אָבִיב הִגִיעַ.

אָבִיב הִגִיעַ. אָבִיב הִגִיעַ.

אָבִיב הִגִיעַ. אָבִיב הִגִיעַ.

אָבִיב הִגִיעַ. אָבִיב הִגִיעַ.

알파벳	문장		
ב	בְּסֵדֶר.	[베쎄데르]	괜찮습니다.

בְּסֵדֶר. בְּסֵדֶר. בְּסֵדֶר. בְּסֵדֶר.

בְּסֵדֶר. בְּסֵדֶר. בְּסֵדֶר. בְּסֵדֶר.

בְּסֵדֶר. בְּסֵדֶר. בְּסֵדֶר. בְּסֵדֶר.

בְּסֵדֶר. בְּסֵדֶר. בְּסֵדֶר. בְּסֵדֶר.

알파벳 | 문장

ג | גָמָל גָדוֹל. [가말 가돌] 낙타는 큽니다.

גָמָל גָדוֹל. גָמָל גָדוֹל. גָמָל גָדוֹל.

גָמָל גָדוֹל. גָמָל גָדוֹל. גָמָל גָדוֹל.

גָמָל גָדוֹל. גָמָל גָדוֹל. גָמָל גָדוֹל.

גָמָל גָדוֹל. גָמָל גָדוֹל. גָמָל גָדוֹל.

알파벳 | 문장

ד | דָג בַּבַּיִת. [다그 바바이트] 물고기는 그 집에 있습니다.

דָג בַּבַּיִת. דָג בַּבַּיִת. דָג בַּבַּיִת.

דָג בַּבַּיִת. דָג בַּבַּיִת. דָג בַּבַּיִת.

דָג בַּבַּיִת. דָג בַּבַּיִת. דָג בַּבַּיִת.

דָג בַּבַּיִת. דָג בַּבַּיִת. דָג בַּבַּיִת.

알파벳 문장

ה הָר גָּבוֹהַּ. [하르 가보하] 산이 높습니다.

הָר גָּבוֹהַּ. הָר גָּבוֹהַּ.

הָר גָּבוֹהַּ. הָר גָּבוֹהַּ.

הָר גָּבוֹהַּ. הָר גָּבוֹהַּ.

הָר גָּבוֹהַּ. הָר גָּבוֹהַּ.

알파벳 문장

ו וֶרֶד יָפֶה. [베레드 야페] 장미꽃이 아름답습니다.

וֶרֶד יָפֶה. וֶרֶד יָפֶה. וֶרֶד יָפֶה.

וֶרֶד יָפֶה. וֶרֶד יָפֶה. וֶרֶד יָפֶה.

וֶרֶד יָפֶה. וֶרֶד יָפֶה. וֶרֶד יָפֶה.

וֶרֶד יָפֶה. וֶרֶד יָפֶה. וֶרֶד יָפֶה.

알파벳 | 문장

ז | זֶה זָהָב. [제 자하브] 이것이 금입니다.

זֶה זָהָב. זֶה זָהָב. זֶה זָהָב.

זֶה זָהָב. זֶה זָהָב. זֶה זָהָב.

זֶה זָהָב. זֶה זָהָב. זֶה זָהָב.

זֶה זָהָב. זֶה זָהָב. זֶה זָהָב.

알파벳 | 문장

ח | חַג שָׂמֵחַ! [하그 싸메아흐] 기쁜 명절 보내세요!

חַג שָׂמֵחַ! חַג שָׂמֵחַ! חַג שָׂמֵחַ!

חַג שָׂמֵחַ! חַג שָׂמֵחַ! חַג שָׂמֵחַ!

חַג שָׂמֵחַ! חַג שָׂמֵחַ! חַג שָׂמֵחַ!

חַג שָׂמֵחַ! חַג שָׂמֵחַ! חַג שָׂמֵחַ!

알파벳 문장

ט **טוב מאוד.** [토브 메옷] 매우 좋습니다.

טוב מאוד. טוב מאוד. טוב מאוד.

טוב מאוד. טוב מאוד. טוב מאוד.

טוב מאוד. טוב מאוד. טוב מאוד.

טוב מאוד. טוב מאוד. טוב מאוד.

알파벳 문장

י **יִהְיֶה בְּסֵדֶר.** [이히예 베쎄데르] 괜찮아질 것입니다.

יִהְיֶה בְּסֵדֶר. יִהְיֶה בְּסֵדֶר.

יִהְיֶה בְּסֵדֶר. יִהְיֶה בְּסֵדֶר.

יִהְיֶה בְּסֵדֶר. יִהְיֶה בְּסֵדֶר.

יִהְיֶה בְּסֵדֶר. יִהְיֶה בְּסֵדֶר.

알파벳 문장

כ כָּכָה כָּכָה. [카하카하] 그저 그렇습니다.

כָּכָה כָּכָה. כָּכָה כָּכָה. כָּכָה כָּכָה.

כָּכָה כָּכָה. כָּכָה כָּכָה. כָּכָה כָּכָה.

כָּכָה כָּכָה. כָּכָה כָּכָה. כָּכָה כָּכָה.

כָּכָה כָּכָה. כָּכָה כָּכָה. כָּכָה כָּכָה.

알파벳 문장

ך נֵלֵךְ בְּיַחַד! [넬레크 베야하드] 함께 갑시다!

נֵלֵךְ בְּיַחַד! נֵלֵךְ בְּיַחַד! נֵלֵךְ בְּיַחַד!

נֵלֵךְ בְּיַחַד! נֵלֵךְ בְּיַחַד! נֵלֵךְ בְּיַחַד!

נֵלֵךְ בְּיַחַד! נֵלֵךְ בְּיַחַד! נֵלֵךְ בְּיַחַד!

נֵלֵךְ בְּיַחַד! נֵלֵךְ בְּיַחַד! נֵלֵךְ בְּיַחַד!

알파벳 문장

ל **לְהִתְרָאוֹת!** [레히트라옽] 또 만나요!

לְהִתְרָאוֹת! לְהִתְרָאוֹת!

לְהִתְרָאוֹת! לְהִתְרָאוֹת!

לְהִתְרָאוֹת! לְהִתְרָאוֹת!

לְהִתְרָאוֹת! לְהִתְרָאוֹת!

알파벳 문장

מ **מֵאַין אַתָּה?** [메아인 아타] 어디에서 오셨나요?

מֵאַין אַתָּה? מֵאַין אַתָּה?

מֵאַין אַתָּה? מֵאַין אַתָּה?

מֵאַין אַתָּה? מֵאַין אַתָּה?

מֵאַין אַתָּה? מֵאַין אַתָּה?

알파벳 | 문장

ם | **מַיִם קָרִים.** [마임 카림] 물이 차갑습니다.

מַיִם קָרִים. מַיִם קָרִים. מַיִם קָרִים.

מַיִם קָרִים. מַיִם קָרִים. מַיִם קָרִים.

מַיִם קָרִים. *מַיִם קָרִים. מַיִם קָרִים.*

מַיִם קָרִים. מַיִם קָרִים. מַיִם קָרִים.

알파벳 | 문장

נ | **נֶהְדָּר!** [네헤다르] 멋져요!

נֶהְדָּר! נֶהְדָּר! נֶהְדָּר!

נֶהְדָּר! נֶהְדָּר! נֶהְדָּר!

נֶהְדָּר! *נֶהְדָּר! נֶהְדָּר!*

נֶהְדָּר! נֶהְדָּר! נֶהְדָּר!

알파벳 | 문장

ן

אֵין דָבָר! [에인 다바르] 신경쓰지 마세요!

אֵין דָבָר! אֵין דָבָר! אֵין דָבָר!

אֵין דָבָר! אֵין דָבָר! אֵין דָבָר!

אֵין דָבָר! אֵין דָבָר! אֵין דָבָר!

אֵין דָבָר! אֵין דָבָר! אֵין דָבָר!

알파벳 | 문장

ס

סְלִיחָה! [쓸리ㅋ하] 실례합니다!

סְלִיחָה! סְלִיחָה! סְלִיחָה!

סְלִיחָה! סְלִיחָה! סְלִיחָה!

סְלִיחָה! סְלִיחָה! סְלִיחָה!

סְלִיחָה! סְלִיחָה! סְלִיחָה!

알파벳 ע

문장 עַיִן טוֹבָה. [아인 토바] 눈이 좋습니다. (분별력이 있습니다.)

עַיִן טוֹבָה. עַיִן טוֹבָה. עַיִן טוֹבָה.

עַיִן טוֹבָה. עַיִן טוֹבָה. עַיִן טוֹבָה.

עַיִן טוֹבָה. עַיִן טוֹבָה. עַיִן טוֹבָה.

עַיִן טוֹבָה. עַיִן טוֹבָה. עַיִן טוֹבָה.

알파벳 פ

문장 פֶּסַח שָׂמֵחַ! [페싸흐 싸메아흐] 기쁜 유월절을 보내세요!

פֶּסַח שָׂמֵחַ! פֶּסַח שָׂמֵחַ!

פֶּסַח שָׂמֵחַ! פֶּסַח שָׂמֵחַ!

פֶּסַח שָׂמֵחַ! פֶּסַח שָׂמֵחַ!

פֶּסַח שָׂמֵחַ! פֶּסַח שָׂמֵחַ!

알파벳 | 문장

ף

סוֹף אָבִיב הִגִיעַ. [쏘프 아비브 히기아] 마침내 봄이 왔습니다.

סוֹף אָבִיב הִגִיעַ. סוֹף אָבִיב הִגִיעַ.

סוֹף אָבִיב הִגִיעַ. סוֹף אָבִיב הִגִיעַ.

סוֹף אָבִיב הִגִיעַ. סוֹף אָבִיב הִגִיעַ.

סוֹף אָבִיב הִגִיעַ. סוֹף אָבִיב הִגִיעַ.

알파벳 | 문장

צ

צְבִי צָרִיךְ מַיִם. [쯔비 짜릭크 마임] 가젤영양은 물이 필요합니다.

צְבִי צָרִיךְ מַיִם. צְבִי צָרִיךְ מַיִם.

צְבִי צָרִיךְ מַיִם. צְבִי צָרִיךְ מַיִם.

צְבִי צָרִיךְ מַיִם. צְבִי צָרִיךְ מַיִם.

צְבִי צָרִיךְ מַיִם. צְבִי צָרִיךְ מַיִם.

알파벳 צ

문장 אֶרֶץ יָפָה! [에레쯔 야파] 땅이 아름답습니다!

אֶרֶץ יָפָה! אֶרֶץ יָפָה! אֶרֶץ יָפָה!

אֶרֶץ יָפָה! אֶרֶץ יָפָה! אֶרֶץ יָפָה!

אֶרֶץ יָפָה! אֶרֶץ יָפָה! אֶרֶץ יָפָה!

אֶרֶץ יָפָה! אֶרֶץ יָפָה! אֶרֶץ יָפָה!

알파벳 ק

문장 קוֹרְאִים לוֹ קוֹף. [코르임 로 코프] 그것을 원숭이라고 부릅니다.

קוֹרְאִים לוֹ קוֹף. קוֹרְאִים לוֹ קוֹף.

קוֹרְאִים לוֹ קוֹף. קוֹרְאִים לוֹ קוֹף.

קוֹרְאִים לוֹ קוֹף. קוֹרְאִים לוֹ קוֹף.

קוֹרְאִים לוֹ קוֹף. קוֹרְאִים לוֹ קוֹף.

알파벳 문장

ש

שַׁבָּת שָׁלוֹם! [샤밭 샬롬] 평안한 안식일 되세요!

שַׁבָּת שָׁלוֹם! שַׁבָּת שָׁלוֹם!

שַׁבָּת שָׁלוֹם! שַׁבָּת שָׁלוֹם!

שַׁבָּת שָׁלוֹם! שַׁבָּת שָׁלוֹם!

שַׁבָּת שָׁלוֹם! שַׁבָּת שָׁלוֹם!

알파벳 문장

שׂ

שָׂרָה בְּשָׂדֶה. [싸라 베싸데] 싸라는 밭에 있습니다.

שָׂרָה בְּשָׂדֶה. שָׂרָה בְּשָׂדֶה.

שָׂרָה בְּשָׂדֶה. שָׂרָה בְּשָׂדֶה.

שָׂרָה בְּשָׂדֶה. שָׂרָה בְּשָׂדֶה.

שָׂרָה בְּשָׂדֶה. שָׂרָה בְּשָׂדֶה.

알파벳 문장

ת תּוֹדָה רַבָּה! [토다 라바] 대단히 감사합니다!

תּוֹדָה רַבָּה! תּוֹדָה רַבָּה!

תּוֹדָה רַבָּה! תּוֹדָה רַבָּה!

תּוֹדָה רַבָּה! תּוֹדָה רַבָּה!

תּוֹדָה רַבָּה! תּוֹדָה רַבָּה!

알파벳 문장

ת תִּסְלַח לִי! [티쓸락흐 리] 저를 용서하세요!

תִּסְלַח לִי! תִּסְלַח לִי! תִּסְלַח לִי!

תִּסְלַח לִי! תִּסְלַח לִי! תִּסְלַח לִי!

תִּסְלַח לִי! תִּסְלַח לִי! תִּסְלַח לִי!

תִּסְלַח לִי! תִּסְלַח לִי! תִּסְלַח לִי!

알파벳

ת

문장

תִתְקַשֵׁר! [티트카쉐르] 연락하세요!

תִתְקַשֵׁר! תִתְקַשֵׁר! תִתְקַשֵׁר!

תִתְקַשֵׁר! תִתְקַשֵׁר! תִתְקַשֵׁר!

תתקשר! תתקשר! תתקשר!

תתקשר! תתקשר! תתקשר!

05 히브리어 성경 구절 인쇄체와 필기체로 따라쓰기

각 알파벳이 포함된 성경 구절을 인쇄체와 필기체로 써 봅시다. *성경 출처본: 개역개정판

알파벳	문장	
א	אֲנִי אֶהְיֶה -לּוֹ לְאָב. [아니 에흐예 로 레아브]	나는 그에게 아버지가 될 것이다. · 사무엘 하 7:14

אֲנִי אֶהְיֶה -לּוֹ לְאָב. אֲנִי אֶהְיֶה -לּוֹ לְאָב.

אֲנִי אֶהְיֶה -לּוֹ לְאָב. אֲנִי אֶהְיֶה -לּוֹ לְאָב.

אֲנִי אֶהְיֶה -לּוֹ לְאָב. אֲנִי אֶהְיֶה -לּוֹ לְאָב.

אֲנִי אֶהְיֶה -לּוֹ לְאָב. אֲנִי אֶהְיֶה -לּוֹ לְאָב.

알파벳	문장	
ב	בְּחָכְמָה יִבָּנֶה בַּיִת. [베호크마 이바네 바이트]	집은 지혜로 말미암아 건축될 것이다. · 잠언 24:3

בְּחָכְמָה יִבָּנֶה בַּיִת.

בְּחָכְמָה יִבָּנֶה בַּיִת.

בְּחָכְמָה יִבָּנֶה בַּיִת.

בְּחָכְמָה יִבָּנֶה בַּיִת.

알파벳

ג

문장

גּוֹל עַל-יְהוָה דַּרְכֶּךָ.

[골 알 아도나이 다르케카]

네 길을 여호와께 맡기라.

· 시편 37:5

גּוֹל עַל-יְהוָה דַּרְכֶּךָ.

גּוֹל עַל-יְהוָה דַּרְכֶּךָ.

גּוֹל עַל-יְהוָה דַּרְכֶּךָ.

גּוֹל עַל-יְהוָה דַּרְכֶּךָ.

알파벳

ד

문장

דַּבְּרוּ דָבָר.

[다베루 다바르]

말을 해 보아라.

· 이사야 8:10

דַּבְּרוּ דָבָר. דַּבְּרוּ דָבָר. דַּבְּרוּ דָבָר.

דַּבְּרוּ דָבָר. דַּבְּרוּ דָבָר. דַּבְּרוּ דָבָר.

דַּבְּרוּ דָבָר. דַּבְּרוּ דָבָר. דַּבְּרוּ דָבָר.

דַּבְּרוּ דָבָר. דַּבְּרוּ דָבָר. דַּבְּרוּ דָבָר.

알파벳

ה

문장

הַלְלוּיָהּ.

[할렐루야]

여호와를 찬양하라.

· 시편 106:1

הַלְלוּיָהּ. הַלְלוּיָהּ. הַלְלוּיָהּ.

הַלְלוּיָהּ. הַלְלוּיָהּ. הַלְלוּיָהּ.

הַלְלוּיָהּ. הַלְלוּיָהּ. הַלְלוּיָהּ.

הַלְלוּיָהּ. הַלְלוּיָהּ. הַלְלוּיָהּ.

알파벳

ו

문장

וְלַעֲנָיִים יִתֶּן-חֵן.

[베라아나임 이텐 ㅋ헨]

겸손한 자에게 은혜를 베푸신다.

· 잠언 3:34

וְלַעֲנָיִים יִתֶּן-חֵן. וְלַעֲנָיִים יִתֶּן-חֵן.

וְלַעֲנָיִים יִתֶּן-חֵן. וְלַעֲנָיִים יִתֶּן-חֵן.

וְלַעֲנָיִים יִתֶּן-חֵן. וְלַעֲנָיִים יִתֶּן-חֵן.

וְלַעֲנָיִים יִתֶּן-חֵן. וְלַעֲנָיִים יִתֶּן-חֵן.

알파벳

ז

문장

זֶה-הַשַּׁעַר לַיהוָה.

[제 하샤아르 라도나이]

이는 여호와의 문이라.

· 시편 118:20

זֶה-הַשַּׁעַר לַיהוָה. זֶה-הַשַּׁעַר לַיהוָה.

זֶה-הַשַּׁעַר לַיהוָה. זֶה-הַשַּׁעַר לַיהוָה.

זֶה-הַשַּׁעַר לַיהוָה. זֶה-הַשַּׁעַר לַיהוָה.

זֶה-הַשַּׁעַר לַיהוָה. זֶה-הַשַּׁעַר לַיהוָה.

알파벳

ח

문장

חֶסֶד וּמִשְׁפָּט שְׁמֹר.

[헤쎄드 우미쉬파트 쉬몰]

인애와 정의를 지켜라.

· 호세아 12:6

חֶסֶד וּמִשְׁפָּט שְׁמֹר.

חֶסֶד וּמִשְׁפָּט שְׁמֹר.

חֶסֶד וּמִשְׁפָּט שְׁמֹר.

חֶסֶד וּמִשְׁפָּט שְׁמֹר.

알파벳

ט

문장

טוֹב יְהוָה לַכֹּל.

[토브 아도나이 라콜]

여호와께서 모든 것을 선대하신다.

· 시편 145:9

טוֹב יְהוָה לַכֹּל. טוֹב יְהוָה לַכֹּל.

טוֹב יְהוָה לַכֹּל. טוֹב יְהוָה לַכֹּל.

טוֹב יְהוָה לַכֹּל. טוֹב יְהוָה לַכֹּל.

טוֹב יְהוָה לַכֹּל. טוֹב יְהוָה לַכֹּל.

알파벳

י

문장

יִרְאַת יְהוָה מְקוֹר חַיִּים.

[이르앝 아도나이 메콜하임]

여호와를 경외하는 것이 생명의 샘이다.

· 잠언 14:27

יִרְאַת יְהוָה מְקוֹר חַיִּים.

יִרְאַת יְהוָה מְקוֹר חַיִּים.

יִרְאַת יְהוָה מְקוֹר חַיִּים.

יִרְאַת יְהוָה מְקוֹר חַיִּים.

알파벳

כ

문장

כּוֹס יְשׁוּעוֹת אֶשָּׂא.

[코쓰 예슈옽 에싸]

내가 구원의 잔을 들 것이다.

· 시편 116:13

כּוֹס יְשׁוּעוֹת אֶשָּׂא.

כּוֹס יְשׁוּעוֹת אֶשָּׂא.

כּוֹס יְשׁוּעוֹת אֶשָּׂא.

כּוֹס יְשׁוּעוֹת אֶשָּׂא.

알파벳

ך

문장

דֶּרֶךְ-אֱמוּנָה בָחָרְתִּי.

[데렉크 에무나 바하르티]

내가 성실한 길을 택하였다.

· 시편 119:30

דֶּרֶךְ-אֱמוּנָה בָחָרְתִּי.

דֶּרֶךְ-אֱמוּנָה בָחָרְתִּי.

דֶּרֶךְ-אֱמוּנָה בָחָרְתִּי.

דֶּרֶךְ-אֱמוּנָה בָחָרְתִּי.

알파벳

ל

문장

לֵב שָׂמֵחַ יֵיטִב פָּנִים.

[레브 싸메아흐 예티브 파님]

마음의 즐거움은
얼굴을 빛나게 한다.

· 잠언 15:13

לֵב שָׂמֵחַ יֵיטִב פָּנִים.

לֵב שָׂמֵחַ יֵיטִב פָּנִים.

לֵב שָׂמֵחַ יֵיטִב פָּנִים.

לֵב שָׂמֵחַ יֵיטִב פָּנִים.

알파벳

מ

문장

מָצָא אִשָּׁה מָצָא טוֹב.

[마짜 이샤 마짜 토브]

아내를 얻는 자는
복을 얻는다.

· 잠언 18:22

מָצָא אִשָּׁה מָצָא טוֹב.

מָצָא אִשָּׁה מָצָא טוֹב.

מָצָא אִשָּׁה מָצָא טוֹב.

מָצָא אִשָּׁה מָצָא טוֹב.

알파벳

נ

문장

נֶפֶשׁ-בְּרָכָה תְדֻשָּׁן.

[네페쉬 브라카 테두샨]

구제를 좋아하는 자는 풍족하여질 것이요.

· 잠언 11:25

נֶפֶשׁ-בְּרָכָה תְדֻשָּׁן. נֶפֶשׁ-בְּרָכָה תְדֻשָּׁן.

נֶפֶשׁ-בְּרָכָה תְדֻשָּׁן. נֶפֶשׁ-בְּרָכָה תְדֻשָּׁן.

נֶפֶשׁ-בְּרָכָה תְדֻשָּׁן. נֶפֶשׁ-בְּרָכָה תְדֻשָּׁן.

נֶפֶשׁ-בְּרָכָה תְדֻשָּׁן. נֶפֶשׁ-בְּרָכָה תְדֻשָּׁן.

알파벳

ן

문장

אֵין שָׁלוֹם.

[에인 샬롬]

평강이 없도다.

· 예레미야 6:14

אֵין שָׁלוֹם. אֵין שָׁלוֹם. אֵין שָׁלוֹם.

אֵין שָׁלוֹם. אֵין שָׁלוֹם. אֵין שָׁלוֹם.

אֵין שָׁלוֹם. אֵין שָׁלוֹם. אֵין שָׁלוֹם.

אֵין שָׁלוֹם. אֵין שָׁלוֹם. אֵין שָׁלוֹם.

알파벳	문장
ס	**סְלַח-נָא.** 사하시옵소서. [쓸락흐- 나] ·민수기 14:19

סְלַח-נָא.   סְלַח-נָא.   סְלַח-נָא.

סְלַח-נָא.   סְלַח-נָא.   סְלַח-נָא.

סְלַח-נָא.   סְלַח-נָא.   סְלַח-נָא.

סְלַח-נָא.   סְלַח-נָא.   סְלַח-נָא.

알파벳	문장
ע	**עֵינֵי גַבְהוּת אָדָם שָׁפֵל.** 눈이 높은 자가 낮아진다. [에이네이 가브훝 아담 샤펠] ·이사야 2:11

עֵינֵי גַבְהוּת אָדָם שָׁפֵל.

עֵינֵי גַבְהוּת אָדָם שָׁפֵל.

עֵינֵי גַבְהוּת אָדָם שָׁפֵל.

עֵינֵי גַבְהוּת אָדָם שָׁפֵל.

알파벳

פ

문장

פִּי-צַדִּיק יֶהְגֶּה חָכְמָה.

[피 짜딕크 예헤게 호크마]

의인의 입은 지혜롭다.

· 시편 37:30

פִּי-צַדִּיק יֶהְגֶּה חָכְמָה.

פִּי-צַדִּיק יֶהְגֶּה חָכְמָה.

פִּי-צַדִּיק יֶהְגֶּה חָכְמָה.

פִּי-צַדִּיק יֶהְגֶּה חָכְמָה.

알파벳

ף

문장

סוֹף דָּבָר הַכֹּל נִשְׁמָע.

[쏘프 다바르 하콜 니쉬마아]

일의 결국을 다 들었다.

· 전도서 12:13

סוֹף דָּבָר הַכֹּל נִשְׁמָע.

סוֹף דָּבָר הַכֹּל נִשְׁמָע.

סוֹף דָּבָר הַכֹּל נִשְׁמָע.

סוֹף דָּבָר הַכֹּל נִשְׁמָע.

알파벳	문장	
צ	**צַדִּיק כַּתָּמָר יִפְרָח.** [짜딕크 카타마르 이프락흐]	의인은 종려나무같이 번성한다. · 시편 92:13

צַדִּיק כַּתָּמָר יִפְרָח.

צַדִּיק כַּתָּמָר יִפְרָח.

צַדִּיק כַּתָּמָר יִפְרָח.

צַדִּיק כַּתָּמָר יִפְרָח.

알파벳	문장	
ר	**רַק חֲזַק וֶאֱמָץ.** [락크 ㅋ하자크 베에마쯔]	오직 강하고 담대하소서. · 여호수아 1:18

רַק חֲזַק וֶאֱמָץ. רַק חֲזַק וֶאֱמָץ.

רַק חֲזַק וֶאֱמָץ. רַק חֲזַק וֶאֱמָץ.

רַק חֲזַק וֶאֱמָץ. רַק חֲזַק וֶאֱמָץ.

רַק חֲזַק וֶאֱמָץ. רַק חֲזַק וֶאֱמָץ.

알파벳

שׁ

문장

שְׁמַע יִשְׂרָאֵל.

[쉬마 이쓰라엘]

이스라엘아 들으라.

· 신명기 6:4

שְׁמַע יִשְׂרָאֵל. שְׁמַע יִשְׂרָאֵל.

שְׁמַע יִשְׂרָאֵל. שְׁמַע יִשְׂרָאֵל.

שְׁמַע יִשְׂרָאֵל. שְׁמַע יִשְׂרָאֵל.

שְׁמַע יִשְׂרָאֵל. שְׁמַע יִשְׂרָאֵל.

알파벳

שׁ

문장

שָׁלוֹם לָכֶם.

[샬롬 라켐]

너희는 안심하라.

· 창세기 43:23

שָׁלוֹם לָכֶם. שָׁלוֹם לָכֶם.

שָׁלוֹם לָכֶם. שָׁלוֹם לָכֶם.

שָׁלוֹם לָכֶם. שָׁלוֹם לָכֶם.

שָׁלוֹם לָכֶם. שָׁלוֹם לָכֶם.

알파벳

שׂ

문장

שָׂשׂוֹן וְשִׂמְחָה יַשִּׂיגוּן.

[싸쏜 베씸하 야씨군]

즐거움과 기쁨을 얻을 것이다.

· 이사야 51:11

שָׂשׂוֹן וְשִׂמְחָה יַשִּׂיגוּן.

שָׂשׂוֹן וְשִׂמְחָה יַשִּׂיגוּן.

שָׂשׂוֹן וְשִׂמְחָה יַשִּׂיגוּן.

שָׂשׂוֹן וְשִׂמְחָה יַשִּׂיגוּן.

알파벳

ת

문장

תְּנוּ תוֹדָה לַיהוָה.

[테누 토다 라아도나이]

하나님 앞에서 죄를 자복하라.

· 에스라 10:11

תְּנוּ תוֹדָה לַיהוָה. תְּנוּ תוֹדָה לַיהוָה.

תְּנוּ תוֹדָה לַיהוָה. תְּנוּ תוֹדָה לַיהוָה.

תְּנוּ תוֹדָה לַיהוָה. תְּנוּ תוֹדָה לַיהוָה.

תְּנוּ תוֹדָה לַיהוָה. תְּנוּ תוֹדָה לַיהוָה.

ת

תּוֹרַת אֱלֹהָיו בְּלִבּוֹ.

[토랏 엘로하브 베리보]

그의 마음에는
하나님의 법이 있다.

· 시편 37:31

תּוֹרַת אֱלֹהָיו בְּלִבּוֹ.

תּוֹרַת אֱלֹהָיו בְּלִבּוֹ.

תּוֹרַת אֱלֹהָיו בְּלִבּוֹ.

תּוֹרַת אֱלֹהָיו בְּלִבּוֹ.

* 성경 구절에 대한 몇 가지 사항을 알려드립니다.

히브리어 성경은 Biblia Hebraica Stuttgartensia (4판)을 참조하여 30구절을 발췌하였습니다.

한글 성경은 [성경전서 개역개정판](4판) 해석에 따라 각 성경 구절의 의미를 적었습니다.

처음 히브리어를 쓰시는 분들을 위한 교재이므로, 성경 구절 전체가 아닌, 하나의 성경 구절 중 간단한 문장을 발췌하여 히브리어의 문장을 익히는 것에 초점을 두었습니다.

그러므로 발췌한 히브리어 성경 구절들은 성경 한 구절 중에 있는 여러 문장들 중 하나이며, 선정한 문장들이 마친 문장이 아님에도 불구하고 간단한 문장의 의미를 전달하기 위해 마침표로 표기하였습니다.

예를 들면 '~되고, ~베푸시나니, ~지키며, ~선대하시며, ~샘이니, ~들고, ~택하고, ~하여도, ~얻고, ~낮아지며, ~지혜로우며, ~들었으니, ~번성하며, ~얻으리니, ~있으니' 의 개역 개정판의 히브리어 성경의 해석을 마친 문장으로 이해하여 '~다.'로 바꾸어 표기하였습니다.

한글 번역은 대부분 개역 개정의 번역에 따라 표기했습니다. 예를 들면, '~맡기라, ~보아라, ~문이라, ~사람이냐, ~사하시옵소서, ~들을 지니라, ~하소서, ~안심하라' 모두 개역 개정의 번역 그대로 반영하였습니다.

하나님의 이름을 나타내는 히브리어 יהוה를 유대인 전통에 따라 [아도나이]('나의 주님'이라는 의미)로 읽도록 표기하였습니다.

Self Check 히브리어 문장 학습을 점검해 볼까요?

지금까지 따라 쓴 회화 문장을 기억하며 문장을 스스로 떠올려 써 보세요.
모두 써 본 후, 앞으로 돌아가 모두 맞게 썼는지 점검해 보고 틀린 문장은 여러 번 다시 써 보며 복습하세요.

봄이 왔습니다. אָבִיב

장미꽃이 아름답습니다. וֶרֶד

매우 좋습니다. טוֹב

저를 용서하세요! לִי!

함께 갑시다! בְּיַחַד!

멋져요!

대단히 감사합니다!

괜찮아질 것입니다. בְּסֵדֶר.

또 만나요!

연락하세요! תּ

지금까지 따라 쓴 성경 구절을 기억하며 문장을 스스로 떠올려 써 보세요.
모두 써 본 후, 앞으로 돌아가 모두 맞게 썼는지 점검해 보고 틀린 문장은 여러 번 다시 써 보며 복습하세요.

겸손한 자에게 은혜를 베푸신다. וְלַעֲנָיִים

인애와 정의를 지켜라. חֶסֶד

내가 성실한 길을 택하였다. דֶּרֶךְ־

마음의 즐거움은 얼굴을 빛나게 한다. לֵב

사하시옵소서. סְ

의인의 입은 지혜롭다. פִּי־

일의 결국을 다 들었다. סוֹף

오직 강하고 담대하소서. רַק

너희는 안심하라. לָכֶם.

즐거움과 기쁨을 얻을 것이다. יַשִּׂיגוּן.

06 성경 속 인물명 인쇄체와 필기체로 따라쓰기

성경에 등장하는 인물들의 이름을 인쇄체와 필기체로 써 봅시다.

아담 **אָדָם** [아담]

אָדָם אָדָם אָדָם

אָדָם אָדָם אָדָם

하와(Eve) **חַוָּה** [하바]

חַוָּה חַוָּה חַוָּה

חַוָּה חַוָּה חַוָּה

가인 **קַיִן** [카인]

קַיִן קַיִן קַיִן

קַיִן קַיִן קַיִן

아벨 **הֶבֶל** [헤벨]

הֶבֶל הֶבֶל הֶבֶל

הֶבֶל הֶבֶל הֶבֶל

노아	נֹחַ	[노아흐]

נֹחַ נֹחַ **נֹחַ**

נֹחַ נֹחַ *נֹחַ*

아브라함	אַבְרָהָם	[아브라함]

אַבְרָהָם אַבְרָהָם **אַבְרָהָם**

אַבְרָהָם אַבְרָהָם *אַבְרָהָם*

사라	שָׂרָה	[싸라]

שָׂרָה שָׂרָה **שָׂרָה**

שָׂרָה שָׂרָה *שָׂרָה*

하갈	הָגָר	[하가르]

הָגָר הָגָר **הָגָר**

הָגָר הָגָר *הָגָר*

이스마엘	יִשְׁמָעֵאל	[이슈마엘]

יִשְׁמָעֵאל יִשְׁמָעֵאל **יִשְׁמָעֵאל**

יִשְׁמָעֵאל יִשְׁמָעֵאל **יִשְׁמָעֵאל**

아비멜렉	אֲבִימֶלֶךְ	[아비멜렉크]

אֲבִימֶלֶךְ אֲבִימֶלֶךְ **אֲבִימֶלֶךְ**

אֲבִימֶלֶךְ אֲבִימֶלֶךְ **אֲבִימֶלֶךְ**

이삭	יִצְחָק	[이쯔학]

יִצְחָק יִצְחָק **יִצְחָק**

יִצְחָק יִצְחָק **יִצְחָק**

리브가	רִבְקָה	[리브카]

רִבְקָה רִבְקָה **רִבְקָה**

רִבְקָה רִבְקָה **רִבְקָה**

야곱	יַעֲקֹב	[야코브]

יַעֲקֹב יַעֲקֹב **יַעֲקֹב**

יַעֲקֹב יַעֲקֹב **יַעֲקֹב**

에서	עֵשָׂו	[에싸브]

עֵשָׂו עֵשָׂו **עֵשָׂו**

עֵשָׂו עֵשָׂו **עֵשָׂו**

라헬	רָחֵל	[라헬]

רָחֵל רָחֵל **רָחֵל**

רָחֵל רָחֵל **רָחֵל**

레아	לֵאָה	[레아]

לֵאָה לֵאָה **לֵאָה**

לֵאָה לֵאָה **לֵאָה**

요셉	**יוֹסֵף**	[요쎄프]

יוֹסֵף יוֹסֵף יוֹסֵף

יוֹסֵף יוֹסֵף יוֹסֵף

보디발	**פּוֹטִיפַר**	[포티파르]

פּוֹטִיפַר פּוֹטִיפַר פּוֹטִיפַר

פּוֹטִיפַר פּוֹטִיפַר פּוֹטִיפַר

레위	**לֵוִי**	[레비]

לֵוִי לֵוִי לֵוִי

לֵוִי לֵוִי לֵוִי

모세	**מֹשֶׁה**	[모쉐]

מֹשֶׁה מֹשֶׁה מֹשֶׁה

מֹשֶׁה מֹשֶׁה מֹשֶׁה

십보라(모세의 부인)	צִפֹּרָה	[찌뽀라]

צִפֹּרָה צִפֹּרָה **צִפֹּרָה**

צִפֹּרָה צִפֹּרָה *צִפֹּרָה*

이드로	יִתְרוֹ	[이트로]

יִתְרוֹ יִתְרוֹ **יִתְרוֹ**

יִתְרוֹ יִתְרוֹ *יִתְרוֹ*

아론	אַהֲרֹן	[아하론]

אַהֲרֹן אַהֲרֹן **אַהֲרֹן**

אַהֲרֹן אַהֲרֹן *אַהֲרֹן*

여호수아	יְהוֹשֻׁעַ	[예호슈아]

יְהוֹשֻׁעַ יְהוֹשֻׁעַ **יְהוֹשֻׁעַ**

יְהוֹשֻׁעַ יְהוֹשֻׁעַ *יְהוֹשֻׁעַ*

라합	רָחָב	[라하브]

רָחָב רָחָב **רָחָב**

רָחָב רָחָב **רָחָב**

드보라	דְּבוֹרָה	[드보라]

דְּבוֹרָה דְּבוֹרָה **דְּבוֹרָה**

דְּבוֹרָה דְּבוֹרָה **דְּבוֹרָה**

기드온	גִּדְעוֹן	[기드온]

גִּדְעוֹן גִּדְעוֹן **גִּדְעוֹן**

גִּדְעוֹן גִּדְעוֹן **גִּדְעוֹן**

삼손	שִׁמְשׁוֹן	[쉼숀]

שִׁמְשׁוֹן שִׁמְשׁוֹן **שִׁמְשׁוֹן**

שִׁמְשׁוֹן שִׁמְשׁוֹן **שִׁמְשׁוֹן**

들릴라 דְּלִילָה [델릴라]

דְּלִילָה דְּלִילָה דְּלִילָה

דְּלִילָה דְּלִילָה דְּלִילָה

보아스 בֹּעַז [보아즈]

בֹּעַז בֹּעַז בֹּעַז

בֹּעַז בֹּעַז בֹּעַז

사무엘 שְׁמוּאֵל [슈무엘]

שְׁמוּאֵל שְׁמוּאֵל שְׁמוּאֵל

שְׁמוּאֵל שְׁמוּאֵל שְׁמוּאֵל

사울 שָׁאוּל [샤울]

שָׁאוּל שָׁאוּל שָׁאוּל

שָׁאוּל שָׁאוּל שָׁאוּל

요나단	יוֹנָתָן	[요나탄]

יוֹנָתָן יוֹנָתָן **יוֹנָתָן**

יוֹנָתָן יוֹנָתָן *יוֹנָתָן*

다윗	דָּוִד	[다비드]

דָּוִד דָּוִד **דָּוִד**

דָּוִד דָּוִד *דָּוִד*

골리앗	גָּלְיָת	[골럇]

גָּלְיָת גָּלְיָת **גָּלְיָת**

גָּלְיָת גָּלְיָת *גָּלְיָת*

밧세바	בַּת־שֶׁבַע	[밧쉐바]

בַּת־שֶׁבַע בַּת־שֶׁבַע **בַּת־שֶׁבַע**

בַּת־שֶׁבַע בַּת־שֶׁבַע *בַּת־שֶׁבַע*

다말 **תָּמָר** [따마르]

תָּמָר תָּמָר תָּמָר

תָּמָר תָּמָר תָּמָר

솔로몬 **שְׁלֹמֹה** [숄로모]

שְׁלֹמֹה שְׁלֹמֹה שְׁלֹמֹה

שְׁלֹמֹה שְׁלֹמֹה שְׁלֹמֹה

엘리야 **אֵלִיָּהוּ** [엘리야후]

אֵלִיָּהוּ אֵלִיָּהוּ אֵלִיָּהוּ

אֵלִיָּהוּ אֵלִיָּהוּ אֵלִיָּהוּ

엘리사 **אֱלִישָׁע** [엘리샤]

אֱלִישָׁע אֱלִישָׁע אֱלִישָׁע

אֱלִישָׁע אֱלִישָׁע אֱלִישָׁע

나아만	נַעֲמָן	[나아만]

נַעֲמָן נַעֲמָן **נַעֲמָן**

נַעֲמָן נַעֲמָן נַעֲמָן

호세아	הוֹשֵׁעַ	[호쉐아]

הוֹשֵׁעַ הוֹשֵׁעַ **הוֹשֵׁעַ**

הוֹשֵׁעַ הוֹשֵׁעַ הוֹשֵׁעַ

히스기야	חִזְקִיָּה	[히즈키야]

חִזְקִיָּה חִזְקִיָּה **חִזְקִיָּה**

חִזְקִיָּה חִזְקִיָּה חִזְקִיָּה

이사야	יְשַׁעְיָהוּ	[예사야후]

יְשַׁעְיָהוּ יְשַׁעְיָהוּ **יְשַׁעְיָהוּ**

יְשַׁעְיָהוּ יְשַׁעְיָהוּ יְשַׁעְיָהוּ

요시야 **יֹאשִׁיָּהוּ** [요쉬야후]

יֹאשִׁיָּהוּ יֹאשִׁיָּהוּ יֹאשִׁיָּהוּ

יֹאשִׁיָּהוּ יֹאשִׁיָּהוּ יֹאשִׁיָּהוּ

느부갓네살 **נְבוּכַדְנֶצַּר** [네부캇네짜르]

נְבוּכַדְנֶצַּר נְבוּכַדְנֶצַּר נְבוּכַדְנֶצַּר

נְבוּכַדְנֶצַּר נְבוּכַדְנֶצַּר נְבוּכַדְנֶצַּר

느헤미야 **נְחֶמְיָה** [네헴먀]

נְחֶמְיָה נְחֶמְיָה נְחֶמְיָה

נְחֶמְיָה נְחֶמְיָה נְחֶמְיָה

아하수에로 **אֲחַשְׁוֵרוֹשׁ** [아하쉬베로쉬]

אֲחַשְׁוֵרוֹשׁ אֲחַשְׁוֵרוֹשׁ אֲחַשְׁוֵרוֹשׁ

אֲחַשְׁוֵרוֹשׁ אֲחַשְׁוֵרוֹשׁ אֲחַשְׁוֵרוֹשׁ

에스더 אֶסְתֵּר [에스떼르]

אֶסְתֵּר אֶסְתֵּר אֶסְתֵּר

אֶסְתֵּר אֶסְתֵּר אֶסְתֵּר

욥 אִיּוֹב [이요브]

אִיּוֹב אִיּוֹב אִיּוֹב

אִיּוֹב אִיּוֹב אִיּוֹב

예레미야 יִרְמְיָהוּ [이르미야후]

יִרְמְיָהוּ יִרְמְיָהוּ יִרְמְיָהוּ

יִרְמְיָהוּ יִרְמְיָהוּ יִרְמְיָהוּ

다니엘 דָּנִיֵּאל [다니옐]

דָּנִיֵּאל דָּנִיֵּאל דָּנִיֵּאל

דָּנִיֵּאל דָּנִיֵּאל דָּנִיֵּאל

| 가브리엘 | גַּבְרִיאֵל | [가브리엘] |

גַּבְרִיאֵל גַּבְרִיאֵל גַּבְרִיאֵל

גַּבְרִיאֵל גַּבְרִיאֵל גַּבְרִיאֵל

| 아모스 | עָמוֹס | [아모쓰] |

עָמוֹס עָמוֹס עָמוֹס

עָמוֹס עָמוֹס עָמוֹס

| 요나 | יוֹנָה | [요나] |

יוֹנָה יוֹנָה יוֹנָה

יוֹנָה יוֹנָה יוֹנָה

| 하박국 | חֲבַקּוּק | [하바쿡] |

חֲבַקּוּק חֲבַקּוּק חֲבַקּוּק

חֲבַקּוּק חֲבַקּוּק חֲבַקּוּק

스바냐	צְפַנְיָה	[쩨파니야]

צְפַנְיָה צְפַנְיָה צְפַנְיָה

צְפַנְיָה צְפַנְיָה צְפַנְיָה

스룹바벨	זְרֻבָּבֶל	[제룹바벨]

זְרֻבָּבֶל זְרֻבָּבֶל זְרֻבָּבֶל

זְרֻבָּבֶל זְרֻבָּבֶל זְרֻבָּבֶל

스가랴	זְכַרְיָה	[제카르야]

זְכַרְיָה זְכַרְיָה זְכַרְיָה

זְכַרְיָה זְכַרְיָה זְכַרְיָה

말라기	מַלְאָכִי	[말아키]

מַלְאָכִי מַלְאָכִי מַלְאָכִי

מַלְאָכִי מַלְאָכִי מַלְאָכִי

07 성경 속 지명과 민족 이름 인쇄체와 필기체로 따라쓰기

성경에 등장하는 주요 지명과 민족 이름들을 인쇄체와 필기체로 써 봅시다.

가나안 **כְּנָעַן** [케나안]

כְּנָעַן כְּנָעַן כְּנָעַן

כְּנָעַן כְּנָעַן כְּנָעַן

벧엘 **בֵּית־אֵל** [벧엘]

בֵּית־אֵל בֵּית־אֵל בֵּית־אֵל

בֵּית־אֵל בֵּית־אֵל בֵּית־אֵל

미디안 **מִדְיָן** [미디얀]

מִדְיָן מִדְיָן מִדְיָן

מִדְיָן מִדְיָן מִדְיָן

애굽(이집트) **מִצְרַיִם** [미쯔라임]

מִצְרַיִם מִצְרַיִם מִצְרַיִם

מִצְרַיִם מִצְרַיִם מִצְרַיִם

브니엘	פְּנִיאֵל	[페니엘]

פְּנִיאֵל פְּנִיאֵל **פְּנִיאֵל**

פְּנִיאֵל פְּנִיאֵל *פְּנִיאֵל*

아말렉	עֲמָלֵק	[아말렉]

עֲמָלֵק עֲמָלֵק **עֲמָלֵק**

עֲמָלֵק עֲמָלֵק *עֲמָלֵק*

시내산	הַר סִינַי	[하르 씨나이]

הַר סִינַי הַר סִינַי **הַר סִינַי**

הַר סִינַי הַר סִינַי *הַר סִינַי*

여리고	יְרִיחוֹ	[예리호]

יְרִיחוֹ יְרִיחוֹ **יְרִיחוֹ**

יְרִיחוֹ יְרִיחוֹ *יְרִיחוֹ*

| 에브라임 | אֶפְרַיִם | [에프라임] |

אֶפְרַיִם אֶפְרַיִם אֶפְרַיִם

אֶפְרַיִם אֶפְרַיִם אֶפְרַיִם

| 헤브론 | חֶבְרוֹן | [헤브론] |

חֶבְרוֹן חֶבְרוֹן חֶבְרוֹן

חֶבְרוֹן חֶבְרוֹן חֶבְרוֹן

| 유다 | יְהוּדָה | [예후다] |

יְהוּדָה יְהוּדָה יְהוּדָה

יְהוּדָה יְהוּדָה יְהוּדָה

| 베들레헴 | בֵּית לֶחֶם | [벳틀레헴] |

בֵּית לֶחֶם בֵּית לֶחֶם בֵּית לֶחֶם

בֵּית לֶחֶם בֵּית לֶחֶם בֵּית לֶחֶם

에벤에셀 **אֶבֶן הָעָזֶר** [에벤하아제르]

אֶבֶן הָעָזֶר אֶבֶן הָעָזֶר אֶבֶן הָעָזֶר

אֶבֶן הָעָזֶר אֶבֶן הָעָזֶר אֶבֶן הָעָזֶר

미스바 **מִצְפָּה** [미쯔빠]

מִצְפָּה מִצְפָּה מִצְפָּה

מִצְפָּה מִצְפָּה מִצְפָּה

예루살렘 **יְרוּשָׁלַיִם** [예루샬라임]

יְרוּשָׁלַיִם יְרוּשָׁלַיִם יְרוּשָׁלַיִם

יְרוּשָׁלַיִם יְרוּשָׁלַיִם יְרוּשָׁלַיִם

기브온 **גִּבְעוֹן** [기브온]

גִּבְעוֹן גִּבְעוֹן גִּבְעוֹן

גִּבְעוֹן גִּבְעוֹן גִּבְעוֹן

사마리아 **שׁוֹמְרוֹן** [쇼므론]

שׁוֹמְרוֹן שׁוֹמְרוֹן שׁוֹמְרוֹן

שׁוֹמְרוֹן שׁוֹמְרוֹן שׁוֹמְרוֹן

시온 산 **הַר צִיּוֹן** [하르 찌욘]

הַר צִיּוֹן הַר צִיּוֹן הַר צִיּוֹן

הַר צִיּוֹן הַר צִיּוֹן הַר צִיּוֹן

사론 **שָׁרוֹן** [샤론]

שָׁרוֹן שָׁרוֹן שָׁרוֹן

שָׁרוֹן שָׁרוֹן שָׁרוֹן

갈멜 **כַּרְמֶל** [카르멜]

כַּרְמֶל כַּרְמֶל כַּרְמֶל

כַּרְמֶל כַּרְמֶל כַּרְמֶל

| 레바논 | לְבָנוֹן | [레바논] |

לְבָנוֹן לְבָנוֹן לְבָנוֹן

לְבָנוֹן לְבָנוֹן לְבָנוֹן

| 소돔 | סְדֹם | [쎄돔] |

סְדֹם סְדֹם סְדֹם

סְדֹם סְדֹם סְדֹם

| 고모라 | עֲמֹרָה | [아모라] |

עֲמֹרָה עֲמֹרָה עֲמֹרָה

עֲמֹרָה עֲמֹרָה עֲמֹרָה

| 베냐민 | בִּנְיָמִן | [비냐민] |

בִּנְיָמִן בִּנְיָמִן בִּנְיָמִן

בִּנְיָמִן בִּנְיָמִן בִּנְיָמִן

다메섹 **דַּמֶּשֶׂק** [다메쎅]

דַּמֶּשֶׂק דַּמֶּשֶׂק דַּמֶּשֶׂק

דַּמֶּשֶׂק דַּמֶּשֶׂק דַּמֶּשֶׂק

니느웨 **נִינְוֵה** [니느베]

נִינְוֵה נִינְוֵה נִינְוֵה

נִינְוֵה נִינְוֵה נִינְוֵה

갈릴리 **גָּלִיל** [갈릴]

גָּלִיל גָּלִיל גָּלִיל

גָּלִיל גָּלִיל גָּלִיל

욥바 **יָפוֹ** [야포]

יָפוֹ יָפוֹ יָפוֹ

יָפוֹ יָפוֹ יָפוֹ

고센 **גֹּשֶׁן** [고쉔]

גֹּשֶׁן גֹּשֶׁן גֹּשֶׁן

גֹּשֶׁן גֹּשֶׁן גֹּשֶׁן

아모리 **אֱמוֹרִי** [에모리]

אֱמוֹרִי אֱמוֹרִי אֱמוֹרִי

אֱמוֹרִי אֱמוֹרִי אֱמוֹרִי

08 유대 주요 절기 인쇄체와 필기체로 따라쓰기

유대인들이 기념하는 주요 절기를 인쇄체와 필기체로 써 보고, 의미도 알아 봅시다.

안식일 **שַׁבָּת** [샤밧]

שַׁבָּת שַׁבָּת שַׁבָּת

שַׁבָּת שַׁבָּת שַׁבָּת

안식일은 유대교에서 천지 창조의 과정 중 하나님이 6일간 창조를 마치고 일곱째 날에 쉬었던 것에서 유래하였다. 안식일은 매주 금요일 일몰부터 토요일 밤까지이며 안식일에는 일상 생활의 정규 노동, 작업을 하지 않는다. 상점도 문을 닫고 대중교통도 운행하지 않는다. 영적인 측면을 생각하고 가족과 시간을 보낼 수 있는 기회를 얻으며 자유를 얻는 기간이다.

부림절 **פּוּרִים** [푸림]

פּוּרִים פּוּרִים פּוּרִים

פּוּרִים פּוּרִים פּוּרִים

양력으로 2월~3월 사이에 발생하며 성경 에스더서에 나오는 것처럼 페르시아 여왕 에스더 시대에 사악한 하만에게서 유대 민족이 구원받은 것을 축하하는 명절이다.

유월절	פֶּסַח	[페싸흐]

פֶּסַח פֶּסַח פֶּסַח

פֶּסַח פֶּסַח פֶּסַח

양력으로 주로 3월말에서 4월 사이에 발생한다. 유대 민족이 이집트의 노예 상태에서 해방된 것을 기념한다.

독립기념일	יוֹם הָעַצְמָאוּת	[욤 하쯔마웃]

יוֹם הָעַצְמָאוּת יוֹם הָעַצְמָאוּת יוֹם הָעַצְמָאוּת

יוֹם הָעַצְמָאוּת יוֹם הָעַצְמָאוּת יוֹם הָעַצְמָאוּת

1948년 5월 이스라엘 건국을 선언한 날을 기념하며, 양력으로 4월에서 5월에 발생한다.

칠칠절	שָׁבוּעוֹת	[샤부옷]

שָׁבוּעוֹת   שָׁבוּעוֹת   שָׁבוּעוֹת

שָׁבוּעוֹת   שָׁבוּעוֹת   שָׁבוּעוֹת

양력으로 5월에서 6월에 발생하며 개역 성경에는 칠칠절(49일)로 나와 있는 절기. 모세가 시내산에서 십계명을 받은 것을 기념한다. 보리(밀)을 수확하는 절기이기도 해서 맥추절이라고도 한다.

성전 파괴일	תִּשְׁעָה בְּאָב	[티샤 베아브]

תִּשְׁעָה בְּאָב   תִּשְׁעָה בְּאָב   תִּשְׁעָה בְּאָב

תִּשְׁעָה בְּאָב   תִּשְׁעָה בְּאָב   תִּשְׁעָה בְּאָב

티샤 바아브(Tisha B'Av)는 양력으로 7~8월, 유대력으로 아브(Av)월 9일에 해당한다. 예루살렘 성전이 파괴된 날을 슬퍼하는 날로, 이날 많은 유대인들이 성전과 민족의 운명을 생각하며 금식을 행한다.

신년 (로쉬 하샤나) **רֹאשׁ הַשָּׁנָה** [로쉬 하샤나]

רֹאשׁ הַשָּׁנָה רֹאשׁ הַשָּׁנָה רֹאשׁ הַשָּׁנָה

רֹאשׁ הַשָּׁנָה רֹאשׁ הַשָּׁנָה רֹאשׁ הַשָּׁנָה

양력으로 8월에서 9월 사이에 발생하는 유대인의 새해. '로쉬'는 '머리'라는 뜻이고 '샤나'는 '해'를 의미한다. 동물의 뿔로 만든 '쇼파르'라는 나팔을 부는 절기이다.

대속죄일 **יוֹם כִּפּוּר** [욤 키푸르]

יוֹם כִּפּוּר יוֹם כִּפּוּר יוֹם כִּפּוּר

יוֹם כִּפּוּר יוֹם כִּפּוּר יוֹם כִּפּוּר

'욤'은 '날'이란 뜻이고 '키루르'는 속죄로 번역된다. 즉, 속죄의 날.
양력으로는 9월에서 10월 사이에 발생한다. 일년 중 가장 거룩한 날로 유대인들은 전통적으로 금식하고 기도하는 날이다.

장막절 또는 초막절 סֻכּוֹת [쑤콧]

סֻכּוֹת סֻכּוֹת סֻכּוֹת

סֻכּוֹת סֻכּוֹת סֻכּוֹת

장막절 또는 초막절이라고 한다. 유대인들이 이집트를 나와 초막에 거주했던 것을 기억하는 절기이다. (레위기 23:42-43) 양력으로 9월에서 10월 사이에 발생한다.

하누카 חֲנֻכָּה [하누카]

חֲנֻכָּה חֲנֻכָּה חֲנֻכָּה

חֲנֻכָּה חֲנֻכָּה חֲנֻכָּה

양력 11월말에서 12월말까지 발생하는 겨울 축제. '빛의 축제'라는 뜻이 있다. 유대인들이 그리스 군대를 물리치고 예루살렘에 있는 성전을 재봉헌한 것을 기념하는 축제.

시원스쿨 히브리어 강사진

현대히브리어 왕초보 탈출부터 성경 속 히브리어 맛보기까지, 시원스쿨 히브리어 사이트에서 만나 보세요.

강좌

히브리어 왕초보 탈출 1탄
히브리어 왕초보 탈출 2탄
히브리어 왕초보 탈출 3탄

저서

샬롬! 기초 히브리어 (시원스쿨닷컴)
히브리어 왕초보 탈출 1탄 (강의 전용 교재)
히브리어 왕초보 탈출 2탄 (강의 전용 교재)
히브리어 왕초보 탈출 3탄 (강의 전용 교재)

기초 히브리어 전문가

임채의 선생님

강좌

성경으로 배우는 히브리어 필수 어휘

저서

지혜란 무엇인가 (감은사)

경력과 노하우로 무장한 명품 강사

송민원 선생님

시원스쿨 히브리어 무료자료

시원스쿨 히브리어 사이트에서 히브리어 알파벳과 다양한 주제별 기초 어휘, 문장을 원어민의 음성으로 들으며 따라해 보세요.

▶ 히브리어는 오른쪽에서 왼쪽 방향으로 쓰고 읽습니다. 알파벳과 예시 단어를 원어민의 음성으로 정확하게 듣고 여러 번 따라해 보세요.

▶ 말하기에서 많이 쓰이는 주제별 단어를 원어민의 음성으로 듣고 따라해 보세요. 연상에 도움을 주는 그림과 함께 보고 듣고 따라하기를 반복하세요.

▶ 말하기에서 많이 쓰이는 기초 문장을 원어민의 음성으로 듣고 따라해 보세요. 연상에 도움을 주는 그림과 함께 보고 듣고 따라하며 말하기를 연습하세요.

시원스쿨 유럽어 도서 시리즈

GO! 독학 첫걸음 시리즈

체계적인 커리큘럼으로 혼자서도 쉽게 독학할 수 있다GO!

초보자도 혼자서 무리없이 학습할 수 있는 회화 위주의 체계적인 커리큘럼으로, 일상 회화를 통해 어휘와 문법을 익힐 수 있으며 스토리텔링 방식의 흐름으로 더 쉽고 재미있게 학습이 가능하다.

값 스페인어 18,900원 | 프랑스어 18,900원 | 독일어 15,000원 | 러시아어 15,000원

GO! 독학 단어장 시리즈

단어장 한 권으로 첫걸음부터 시험 대비까지 한 번에!

첫걸음부터 시험 준비를 목표로 하는 학습자까지, 보다 친절하면서도 효율적으로 단어를 학습할 수 있도록 구성하였다. 회화와 시험에 꼭 나오는 예문과 체계적인 분류로 유기적인 단어 암기가 가능하다.

값 스페인어 15,800원 | 프랑스어 14,000원 | 독일어 15,000원

SOS 말하기 첫걸음 시리즈

절대다수가 믿고 선택한 기초 말하기 바이블!

우리말만 안다면 누구나 쉽게 외국어를 배울 수 있다. 번거로운 예습, 복습 없이 앞서 배운 내용이 뒤에서 자연스럽게 이어지며 트레이닝된다. 핵심 원리를 나도 모르게 반복하며 말문이 트이는 SOS 학습법으로 말하기에 도전해 보자.

값 스페인어 1탄 17,000원 | 2탄 17,000원 | 3탄 18,000원 | 프랑스어 각 14,500원

시원스쿨 여행 시리즈

공부하지 않고, 바로 찾아 말하는 진짜 여행 회화!

여행 시 직면할 수 있는 '꼭 필요한 표현'을 바로 찾아 말할 수 있는 휴대용 '사전'이다. 다양한 상황별로 필요한 단어와 문장을 한글 중심으로 찾을 수 있도록 구성되어, 급할 때 바로 찾아 말할 수 있다. 해당 언어의 발음과 가장 유사하게 들리는 한글 독음을 제공한다. 책 마지막의 여행 꿀팁까지 놓치지 말자.

값 각 12,000원